NOTICE BIOGRAPHIQUE

SUR

D. J. GOMEZ DE LA CORTINA

MARQUIS DE MORANTE

ANCIEN RECTEUR DE L'UNIVERSITÉ DE MADRID
SÉNATEUR DU ROYAUME D'ESPAGNE

PAR

M. FR. ASENJO BARBIERI

MEMBRE DE LA SOCIÉTÉ DES BIBLIOPHILES ESPAGNOLS

TRADUITE SUR LE MANUSCRIT ESPAGNOL

ET SUIVIE D'UN APPENDICE BIBLIOGRAPHIQUE

Par Gustave PAWLOWSKI.

PARIS

LIBRAIRIE DE FIRMIN DIDOT FRÈRES, FILS ET Cie

IMPRIMEURS DE L'INSTITUT DE FRANCE

56, RUE JACOB, 56

—

1872

NOTICE BIOGRAPHIQUE

SUR

D. J. GOMEZ DE LA CORTINA

MARQUIS DE MORANTE

ANCIEN RECTEUR DE L'UNIVERSITÉ DE MADRID
SÉNATEUR DU ROYAUME D'ESPAGNE

PAR

M. FR. ASENJO BARBIERI

MEMBRE DE LA SOCIÉTÉ DES BIBLIOPHILES ESPAGNOLS

TRADUITE SUR LE MANUSCRIT ESPAGNOL

ET SUIVIE D'UN APPENDICE BIBLIOGRAPHIQUE

Par Gustave PAWLOWSKI.

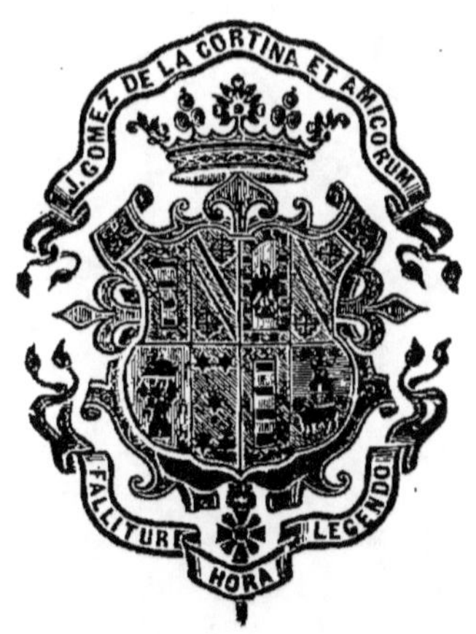

PARIS

LIBRAIRIE DE FIRMIN DIDOT FRÈRES, FILS ET Cie

IMPRIMEURS DE L'INSTITUT DE FRANCE

56, RUE JACOB, 56

—

1872

Tiré à cent exemplaires numérotés.

N° 89.

Paris. — Imprimerie Adolphe Lainé, rue des Saints-Pères, 19.

NOTICE BIOGRAPHIQUE

SUR

D. JOACH. GOMEZ DE LA CORTINA

MARQUIS DE MORANTE (1)

Don Joachim Gomez de la Cortina, marquis de Morante, naquit au Mexique le 6 septembre 1808. Il était le troisième fils de don Vincent Gomez de la Cortina, originaire de la province de Santander, en Espagne, et de Doña Marie-Anne Gomez de la Cortina, comtesse de la Cortina, sa cousine, fille unique du comte Servando Gomez de la Cortina, également originaire de la province de Santander. Sa mère,

(1) Il n'a été publié jusqu'à ce jour *aucune biographie* du marquis de Morante, en aucune langue. Nous devons la présente notice, faite spécialement pour nous, et dont nous donnons la traduction d'après l'original espagnol, à l'extrême obligeance de M. Fr.-A. BARBIERI, l'une des gloires de l'Espagne contemporaine, comme l'un de ses plus illustres et de ses plus féconds compositeurs. Créateur de l'opéra-comique national, dont le répertoire lui doit déjà plus de cinquante partitions; l'un des fondateurs du théâtre de l'Opéra-comique à Madrid; promoteur et organisateur des grands concerts de musique classique, M. Barbieri est en un mot la personnification de la renaissance musicale en Espagne. Il est aussi un critique et un historien musical distingué. (Voir Fétis, *Biographie des musiciens.*)

Bibliophile enthousiaste et l'un des premiers fondateurs de la *Société des bibliophiles espagnols*, M. Barbieri possède lui-même une collection importante de livres rares, particulièrement sur la musique espagnole, à l'histoire de laquelle il travaille depuis plusieurs années. (*Note de l'éditeur.*)

douée des qualités les plus précieuses du cœur et de l'esprit, toute de charité et de dévouement, fut fondatrice des premiers établissements des sœurs de charité de Saint-Vincent de Paul au Mexique et consacra à cette œuvre humanitaire une somme de 162,000 pesos (environ 900,000 fr.) (1).

Son frère aîné, Don Joseph Gomez de la Cortina, comte de la Cortina, célèbre général et ministre au Mexique, se fit connaître aussi dans la littérature par plusieurs ouvrages dont le plus important est un *Dictionnaire de synonymes espagnols* (2).

Son second frère, Don Mariano, officier du génie de la garde royale d'Espagne, mourut à l'âge de 22 ans, en 1824.

De deux sœurs du marquis de Morante, la cadette, Doña Maria-de-Lorette, épousa en 1832 Don Joseph Gutierrez de Estrada, depuis ministre des affaires étrangères du gouvernement mexicain, lequel se rendit célèbre par sa participation active aux efforts tentés pour consolider le pouvoir de l'infortuné empereur Maximilien, et, obligé d'émigrer après la catastrophe, est mort récemment à Paris.

Au début de la guerre d'indépendance du Mexique, en 1810, le père du marquis, en bon Espagnol qu'il était et dévoué aux intérêts de la métropole, leva à ses frais plusieurs détachements qui se firent connaître dans le cours de la révolution sous le nom de *Dragons de Tlahuelilpa*, et, lorsque en 1821 le Mexique

---

(1) D. Bernardo Capca, *Apuntes biográficos de la señora Dona Maria-Ana Gomez de la Cortina, condesa de la Cortina*; Mexico, 1855, in-12 de 17 pp.
(2) *Diccionario de sinónimos castellanos*; Mexico, 1845, in-4.

se proclama indépendant de la couronne de Castille, le comte de la Cortina retourna en Espagne rejoindre ses trois fils qu'il avait envoyés à Madrid quelques années auparavant pour y faire leur éducation.

Don Joachim, placé, ainsi que ses frères, à la *Escuela Pia de San Antonio Abad*, école célèbre par la pureté de l'enseignement classique, surtout pour la langue latine, y fit ses études d'une manière très-brillante et passa ensuite à l'ancienne *Universitas Complutensis* à Alcalá de Henares, où en 1829 il obtint successivement les diplômes de bachelier, licencié et docteur en droit canon (*en canones*), et l'année suivante, ceux de bachelier, licencié et docteur en droit civil (*en leyes*). Pendant tout ce temps, le père de Don Joachim, qui habitait presque constamment une de ses maisons de campagne, appelée *la Esgarabita*, aux environs de Alcalá, veillait avec une pieuse attention aux progrès de son fils et pourvoyait à ses besoins avec une grande largesse, au point qu'à Alcalá on a encore conservé la mémoire du faste extraordinaire et de l'ostentation avec lesquels étaient célébrés les grades académiques de Don Joachim.

Ce dernier ne manqua point de justifier les hautes espérances de son père. A peine reçu bachelier, il obtint au concours une chaire vacante de droit canon, qu'au bout de trois ans il céda généreusement à son ancien condisciple et ami, le célèbre jurisconsulte D. J. Aguirre.

En 1836, l'université de Alcalá fut transférée à Madrid, et en 1840, Don Joachim en fut nommé recteur, succédant dans cette charge élevée à D. Pierre

Gomez de la Serna. La mort de son père, arrivée en
1842, l'obligea de donner sa démission et d'aller au
Mexique régler ses affaires de famille.

Peu après son retour, en 1844, il fut nommé juge
surnuméraire à la Cour d'appel de Madrid (*Magistrado
supernumerario de la Audiencia*) ; il était déjà à titre
honoraire celui de la Cour de Burgos depuis 1840.
Pendant les années 1840 à 1842, il était aussi députe
provincial de Alcalá de Henares.

Le 17 novembre 1847, il reçut le titre nobiliaire
de *marquis de Morante* et peu après fut élevé à la
dignité de grand-croix de l'ordre de Charles III, de
grand-croix de l'ordre d'Isabelle-la-Catholique et de
chevalier de l'ordre militaire de Saint-Jacques.

A la même époque il fut élu membre de l'Académie
gréco-latine.

Investi pour la seconde fois de la charge de recteur
de l'Université de Madrid, en 1851, il y renonça au
bout de deux ans, après avoir été nommé membre
du Tribunal suprême de justice. Enfin, en 1859, il fut
élevé à la dignité de sénateur.

Il est à noter qu'il ne voulut jamais toucher les
émoluments de ses charges, et qu'il en faisait un
généreux abandon, soit à l'État, soit au profit des
nécessiteux.

En dehors de ces fonctions honorablement remplies,
le marquis de Morante a sa place marquée comme
un des plus illustres bibliophiles espagnols. La passion
pour les livres, qui devint la plus grande préoccupa-
tion de sa vie entière, se révéla chez lui de très-bonne
heure. Encore simple étudiant à l'Université de Alcalá,

il consacrait tout l'argent qu'il recevait de son père
pour ses dépenses personnelles, après en avoir pré-
levé une part pour faire des aumônes, à l'acquisition
des livres qui devaient constituer le noyau de sa
bibliothèque colossale.

Cette passion toujours grandissant finit par l'ab-
sorber complétement. De ses revenus, évalués
approximativement à 125,000 francs, les deux tiers
étaient sacrifiés pour les livres et les riches reliures,
ce qui explique qu'il laissa la plus grande bibliothèque
qu'ait possédée aucun particulier, composée d'environ
vingt-cinq mille ouvrages et de plus de *cent vingt mille
volumes*.

Un examen attentif de la composition de sa bibliothèque permet de deviner ses idées et ses prédilections
à cet égard. Son culte particulier et enthousiaste pour
la belle latinité explique ces séries interminables des
meilleures éditions de Virgile, d'Horace, de Cicéron,
etc., avec les prolégomènes, ainsi que des grands
latinistes modernes, dont l'ensemble ferait envie à
plus d'une bibliothèque publique.

Le marquis de Morante n'agissait pas en *bibliomane*,
mais en *bibliophile* éclairé. On ne trouve, pour ainsi
dire, dans sa vaste collection, aucun livre étranger à
sa sphère d'études. C'est pourquoi sa bibliothèque,
même dans sa gravité austère sur certains points,
offre un ensemble coordonné et motivé. Cependant,
à côté de ce caractère savant, on aperçoit aisément les
goûts délicats du vrai bibliophile. Sans se contenter
des meilleures éditions au point de vue littéraire, il
en recherchait aussi de rares, de remarquables sous

le rapport de la beauté typographique, ainsi que des exemplaires de choix, ce qui explique la multiplicité fréquente des exemplaires de la même édition. Il affectionnait plus particulièrement les hautes curiosités de la bibliophilie, et les exemplaires uniques ou réputés tels, dont il possédait un bon nombre.

Le côté extérieur des livres ne le préoccupait pas moins. Non-seulement il surveillait avec anxiété la mise en vente des volumes couverts de riches reliures, mais aussi il en faisait exécuter pour lui par les meilleurs artistes contemporains dans cet art.

Son amour pour les livres, poussé à l'extrémité, presque au délire, le préservait d'une contemplation stérile de sa bibliothèque, toute considérable qu'elle était. Chaque livre a été consciencieusement examiné et catalogué par lui-même, et son catalogue imprimé en 8 volumes (1), malgré ses imperfections techniques, offre de riches matériaux bibliographiques par les titres *in extenso* et les sommaires des ouvrages, et surtout par une foule de notices biographiques, souvent originales et complétement inconnues.

Généreux et même prodigue sous tous les rapports, le marquis de Morante était extrêmement avare pour ses chers bouquins et n'en a jamais voulu prêter à personne. Quand il s'agissait des volumes rares, il prenait pour prétexte qu'ils étaient à la reliure pour

______

(1) *Catalogus librorum doctoris D. Joach. Gomez de la Cortina, march. de Morante, qui in œdibus suis exstant;* Matriti, apud Euseb. Aguado, 1854-1862, 8 vol. in-8. Après la mort du marquis il a été publié encore un 9ᵉ volume, mais sans aucunes notes, sous ce titre : *Additio ad Catalogum librorum,* etc. Matriti, apud F. Lopez Vizcaino, 1870, in-8.

les refuser même à ses meilleurs amis, contraire-
ment à l'inscription qu'on lit sur ses livres : *J. Gomez
de la Cortina* ET AMICORUM (1) ; et si un pauvre étudiant
ou quelqu'un lui demandait un livre commun qu'il
possédait dans sa collection, il en achetait un exem-
plaire et allait l'offrir personnellement au solliciteur.

Nous avons dit que le plus tendre amour du marquis de Morante était réservé pour les grands auteurs
latins, et surtout pour Virgile et Horace. Durant son
exercice des fonctions de recteur ou de magistrat, il
était rare de ne pas le voir sortir de sa poche un de
ses auteurs favoris et consacrer à leur étude les mo-
ments d'intervalle et de repos.

Finalement, il prit le parti de résigner toutes les
charges publiques pour n'avoir à s'occuper que de
ses livres. A partir de cette époque jusqu'à l'heure
de sa mort, il ne sortit pour ainsi dire pas de sa bibliothèque. Ajoutons qu'elle était admirablement installée.
Elle était composée de trois salles magnifiques, dallées
de marbre, dont une avec une galerie circulaire.
Là, on pouvait voir le marquis, vêtu d'une simple
veste de coutil et chaussé de certains escarpins inusables et devenus historiques, penché sur un livre,
la plupart du temps au haut d'une échelle de triste
mémoire, dont la forme grossière et peu rassurante
contrastait singulièrement avec la magnificence du
logis. Il faut croire que cette vieille échelle, chance-
lant sous le poids du corps et qui devait se comporter
en traîtresse à l'égard de son vieux maître, tenait une

(1) Sa devise bibliophilique était : *Fallitur hora legendo*, la même que
celle du bibliophile français de Courbonne.

*

large place dans les affections limitées du marquis,
puisque, ayant reçu en cadeau d'un de ses amis une
magnifique robe de chambre, et la trouvant peu
propre à ses exercices d'équilibre, il y renonça en
faveur de sa veste, pour ne pas être gêné dans ses
ascensions perpétuelles.

Son unique distraction consistait en réceptions d'un
petit nombre d'amis qui venaient dans la soirée dis-
puter avec lui, en langue de Cicéron, sur des sujets
littéraires et philologiques. Ces disputes avaient souvent plus d'un côté piquant. Habitué qu'il était à pro-
fesser *ex cathedra,* doué d'une mémoire prodigieuse
et un peu infatué de son talent, avec une légère aspi-
ration à l'infaillibilité scientifique, il ne pouvait pas
supporter la contradiction, sous peine de disgrâce
pour le contradicteur ; il était si tenace dans ses opi-
nions qu'invoquant quelquefois à l'appui un texte qui,
vérification faite, prouvait tout le contraire, il préférait l'altérer que de se déclarer vaincu. Il était absolu
dans son jugement et n'admettait ni les conseils ni
les avis de personne. Au coup de neuf heures, la con-
versation s'interrompait, et les visiteurs prenaient
congé avec une régularité mathématique.

Le marquis se levait le matin avant le soleil, se
promenait fort peu, et il était rare de le rencontrer
hors de chez lui après la tombée de la nuit. Il n'allait
jamais au théâtre, ni à aucun divertissement noc-
turne. Dans ses réunions intimes du soir, on jouait
quelquefois aux cartes pour faire passer le temps. Le
marquis était fort habile au *tresillo* et au *revesino* (re-
versi), et de plus la chance le favorisait presque tou-

jours ; de sorte que, si par hasard il lui arrivait de perdre, il en était très-contrarié, non pas pour la chose elle-même, mais parce que, enfant gâté de la 'fortune, il ne pouvait se faire à l'idée que sa bonne étoile pût pâlir même dans les occasions les plus insignifiantes.

Le marquis était généreux et charitable. Il était une véritable providence pour les pauvres qui bénissent sa mémoire, et sa bourse restait toujours ouverte pour ses amis, pour les souscriptions patriotiques et pour toutes les œuvres d'intérêt général ou particulier.

Homme d'ordre par excellence, il gérait sa fortune lui-même et avait l'habitude d'inscrire jour par jour ses recettes et ses dépenses. Il vérifiait scrupuleusement toutes les factures. Ayant trouvé une fois dans une note de blanchissage une erreur d'un *ochavo* (1 centime et demi) à son préjudice, il apostropha durement la blanchisseuse et se le fit rendre ; mais, pour lui témoigner en même temps sa satisfaction de son travail, il s'empressa de lui donner vingt francs de gratification. Il avait de nombreux domestiques qu'il traitait avec la plus grande considération, à ce point extrême que, pour ne pas les déranger, il faisait presque toujours lui-même toutes ses commissions. Puisque nous parlons des domestiques, disons qu'il leur laissa à tous des pensions viagères proportionnées à l'importance de leurs services, avec une faveur particulière pour sa cuisinière qui reçut pour sa part 8 fr. de rente par jour. Ce dernier fait ne paraîtrait point singulier, s'il s'agissait d'un Rossini ou d'un autre gourmand célèbre, mais le marquis de Morante était très-modeste dans sa nourriture ; il buvait à peine un peu de vin, ne goûtait jamais aux liqueurs et ne prenait ni thé ni café. Il ne fumait ni ne prisait.

Cette simplicité s'étendait aussi à son habillement, et l'on n'aurait jamais deviné à son extérieur ni son rang ni sa richesse, bien que cette indifférence pour la toilette n'exclût point le soin extrême qu'il prenait de sa personne.

Le marquis de Morante a vécu dans le célibat. Jamais l'amour d'une femme, ce charme délicat de la vie, n'est parvenu à électriser son cœur impénétrable. Un sentiment froissé ou une déception de la jeunesse ne nous en donneraient-ils pas l'explication ? Toujours est-il qu'il manifestait une indifférence complète pour le beau sexe, et évitait même sa présence. Sous ce rapport il ne prenait que le côté facile de la vie et Épicure ne l'eût pas désavoué comme son adepte. Et pourtant, cet homme, si sensible, si affectueux pour tout le monde, n'était pas étranger aux sentiments de famille. La vénération qu'il témoignait à son père était touchante, et, après le décès de celui-ci, il fit enfermer son cœur dans une ampoule d'argent qu'il conservait religieusement et qu'à sa mort il ordonna de mettre dans son cercueil. Il désirait également que son nom lui survécût, et sans autre lien qu'une affection particulière et une parenté fort éloignée, il légua son titre nobiliaire et sa fortune à un jeune officier qui porte aujourd'hui le nom de marquis de Morante (1).

---

(1) Le marquis de Morante actuel s'appelle Don Carlos Garcia de Abaurrea, et appartient à l'une des familles les plus distinguées de Séville.

Le marquis de Morante offre en un mot un des types les plus originaux par les traits contradictoires de son caractère. En matière de voyage, il n'admettait d'autre motif qu'une nécessité impérieuse, et, à l'époque de la vogue des pérégrinations, il ne s'est pas laissé entraîner par le courant général. Il n'a été à Paris et à Londres que de passage, en allant au Mexique en 1842, et une seconde fois à Paris en 1848.

N'attachant qu'une médiocre importance à l'argent, il aimait pourtant l'or mexicain et détestait les titres au porteur et les billets de banque, disant avec beaucoup de grâce : « Que Dieu me préserve de richesses qu'une allumette ou la dent d'une souris pourraient détruire ! »

Le marquis de Morante était d'un caractère bilieux et fort impressionable, et la surdité qui l'incommodait pendant les dernières années de sa vie, ainsi qu'une infirmité chronique catarrhale, contractée par le séjour prolongé dans les salles froides de sa bibliothèque, finirent par l'aigrir encore davantage. Cette impressionabilité se traduisit par ses nombreux testaments et codicilles qu'il modifiait à tout propos, laissant souvent à ses amis des legs considérables, pour les annuler bientôt après sous des prétextes futiles.

Dans l'intimité il était expansif et jovial. Il éprou-

Il prit part à la guerre du Maroc, en qualité de lieutenant de hussards *de la princesse,* et, ayant rempli son devoir avec distinction, il se retira du service et fut nommé *écuyer* de la reine Isabelle. Après la dernière révolution, il est entré dans la vie privée. Il n'a pas d'enfants. Sa femme, en premières noces Osorio y Heredia, a de son premier mariage une fille et trois fils, dont l'aîné a brillamment servi dans l'armée, et le second suit la carrière diplomatique.

vait un certain plaisir à raconter à ses amis les péri-
péties de sa vie, mais, chose singulière ! lorsque quelqu'un lui demandait des dates pour publier sa biographie, il s'y refusait carrément. C'est pourquoi il n'en
existe aucune, et la présente notice, encore incom-
plète, que nous avons reconstituée avec beaucoup de
peine, aura au moins le mérite d'être la première. Ce
désir ostensible de soustraire sa personne aux re-
gards du public est aussi cause qu'on n'a aucun por-
trait du marquis ; nous y suppléerons autant que pos-
sible en ajoutant qu'il était de petite taille, assez
maigre, avec des pommettes saillantes, un teint foncé
et des yeux extrêmement vifs où se reflétait la mobi-
lité de son âme.

Dans l'Espagne contemporaine, il n'y a pas de personne, même de médiocre importance et appartenant
à n'importe quelle branche du savoir humain, qui ne
tienne à s'affilier à l'un des partis qu'on voit actuelle-
ment sur la scène politique. Le marquis de Morante
se rangea du côté des *progressistes,* mais sa participation à la vie politique n'était que passive ; il n'en
aimait nullement le fracas, auquel il préférait des
occupations paisibles, et dont certes il a retiré plus de
gloire pour sa mémoire.

On peut le considérer comme un des plus grands
latinistes contemporains et il a légué à la postérité
un vrai monument de son grand savoir philologique
par la publication, à ses frais et avec un grand luxe,
d'un *Dictionnaire étymologique latin et espagnol,* œuvre
qui fait honneur à l'Espagne comme l'un des meilleurs
travaux de lexicographie qui aient jamais vu le jour,

par la richesse des termes et le choix des citations (1).
Il a été puissamment aidé pour cette publication par
son ami intime, Don Raimundo de Miguel, dont le
nom figure en première ligne sur ce travail gigan-
tesque.

Sauf quelques écrits de polémique ou de critique
sur la littérature et la philologie latine, il ne laisse
pas d'autres travaux imprimés, tout son temps ayant
été consacré à la publication de son catalogue.

Dans la collection du marquis de Morante, on a
remarqué une rare abondance d'ouvrages des auteurs
hétérodoxes; c'est pourquoi des personnes de con-
science timorée faisaient des commentaires défavo-
rables sur ses croyances religieuses. Pourtant le marquis, arrivé à sa dernière heure, vêtu, comme
d'habitude, de sa veste classique et chaussé de ses
escarpins inusables, reçut pieusement le viatique des
mains du curé de sa paroisse. Mais, dans ce moment
suprême, il resta encore fidèle à son amour pour la
langue des Romains, et ayant demandé au prêtre en
quel idiome il devait faire sa confession, sur la ré-

(1) Nuevo Diccionario latino-español etimológico, *escrito con la presen-
cia de las obras más notables de este género publicadas en otros países desde
la época del renacimiento hasta nuestros dias, enriquecido con un gran
número de voces, frases y modismos extractados de los autores clásicos,
seguido de un* Tratado de sinónimos *y de un* Vocabulario español-latino,
para uso de los jóvenes que frecuentan nuestras escuelas, por D. Raimundo
de Miguel, *Catedrático de perfeccion de latin y principios generales de lite-
ratura en el Instituto de 1ª clase de S. Isidro el real de Madrid, y el* mar-
qués de Morante, *antiguo Catedrático de derecho de la Universidad de
Alcalá de Henares, y dos veces Rector de la Central, Magistrado que fué
del Tribunal supremo y del Consejo de Instruccion pública.* Leipzig, imprenta
de F. A. Brockhaus (Madrid, D. Augustin Jubera), 1867, gr. in-8, de xxxix-
997, 75 et 256 pages à 3 colonnes.

ponse de celui-ci qu'il en avait le choix, il commença d'une voix claire : *Confiteor Deo omnipotenti*.....

On peut dire qu'il mourut sur la brèche, car c'est une chute qu'il fit de son échelle tremblante, au haut de laquelle il était assis, plongé dans la lecture d'un livre, qui le conduisit prématurément au tombeau. Et dire que c'est la bibliophilie, cette passion généreuse, d'un ordre élevé et surtout éminemment conservatrice, qui a hâté les jours d'un de ses plus illustres adeptes !

Le marquis de Morante s'éteignit le 13 juin 1868, dans son hôtel, à Madrid, rue Fuencarral, 80, sincèrement regretté par ses nombreux amis et protégés, et laissant un vide irréparable dans le cercle restreint des admirateurs de la littérature latine, dont le nombre diminue de jour en jour, au grand regret des véritables amis des lettres.

Son corps embaumé, vêtu de la toge de magistrat et des insignes de docteur, fut transporté, conformément à ses dernières volontés, au panthéon de la chapelle de l'église de Salarzon, dans la province de Santander, église et chapelle dont son père avait été le fondateur et qui était contiguë à un de ses palais.

C'est dans ce panthéon que la dépouille mortelle du marquis de Morante a été déposée, le 26 juin 1868, dans un magnifique sarcophage en bronze (1). L'inscription suivante, due au savant *D. Victoriano Mariño*,

____

(1) Ce sarcophage a été fait du vivant du marquis et sur son ordre, par un foudeur très-remarquable de Madrid, nommé Dominguez. Il jouissait d'une protection particulière du marquis qui lui fit faire également les magnifiques portes en fer de l'Université de Madrid, les premières de ce genre qu'on ait vues dans la capitale de l'Espagne.

ancien secrétaire de l'Université de Madrid, un des
meilleurs amis et un des légataires du marquis, ré-
sume, dans sa simplicité éloquente, toute la vie du
défunt, si honorablement remplie.

SUB HOC TUMULO JACET EXC̄MUS ET ILL̄MUS

Dᵃ DOM. JOACHIMUS GOMEZ DE LA CORTINA

PRIMUS MARCHIO A MORANTE

NATUS MEXICI VI SEPT. MDCCCVIII,
CANONICI JURIS PROFESSOR COMPLUT.
ACADEMIÆ MATRITENSIS BIS RECTOR,
MILIT. ORDINIS S. JACOBI EQUES, ELISABETH
CATHOL. AC CAROLI III MAGNO STEMMATE
DECORATUS, SUPREMÆ CURIÆ JUSTITIÆ
MINISTER, REGNI SENATOR, &c.

OBIIT MATRITI XIX JUN. MDCCCLXVIII

R. I. P.

INGENIO PRÆSTANS, CHRISTIANA CHARITATE
PRÆSTANTIOR, LITTERIS MAXIME LATINIS EGREGIUS,
CUJUSVIS PRONUS BENEFACTOR, AMICIS MUNIFICUS
REI SUÆ DISPENSATOR, DIFFICILES VITÆ SEMITAS
CONSPICUUS PERLUSTRAVIT, NIL NISI VERAM
VIRTUTIS GLORIAM APPETENS,

TANTI MEMORIA VIRI SUORUM ANIMIS
SEMPER CARA, INDELEBILIS MANET.

(Traduite par Gustave P—i.)

APPENDICE

—

BIBLIOGRAPHIE.

Si le marquis de Morante, malgré sa vie laborieuse, n'a pas publié d'autres travaux philologiques et littéraires en dehors de son grand *Dictionnaire étymologique latin-espagnol* et de quelques opuscules, c'est qu'il consacra ses dernières années à mettre sa vaste érudition exclusivement au service de sa bibliothèque et à en enrichir le catalogue de longues et savantes notices, dont plusieurs auraient fait à elles seules de petits volumes. C'est pourquoi ce catalogue a tout une autre importance qu'une simple nomenclature bibliographique, et mérite une place d'honneur, surtout à cause de sa rareté, non-seulement parmi les catalogues raisonnés, mais avant tout au milieu des travaux, si peu nombreux, sur la littérature néo-latine.

Le marquis attachait un grand prix à son catalogue. Il en reconnaît modestement les défauts et les imperfections, prévoit les reproches qu'on pourrait adresser contre la prolixité de certaines notices, beaucoup plus développées que ne le comportait le cadre d'un ouvrage de bibliographie, mais il ne se sent pas le courage de résister à l'entraînement de ses études de prédilection, et cherche à s'en disculper dans un *avertissement final*, dont voici la traduction.

Voilà mon travail terminé, sinon avec le succès que j'aurais ambitionné moi-même et que quelques-uns de mes lecteurs espéraient de moi, du moins on me tiendra compte de la bonne intention et du sincère désir qui m'ont engagé à l'entreprendre. En

achevant aujourd'hui ma tâche, bien plus ardue qu'on ne le croit
d'habitude, qu'il me soit permis de dire avec Ovide :

> Ablatum mediis opus est incudibus istud,
>   Defuit et scriptis ultima lima meis,
> Et veniam pro laude peto laudatus abunde,
>   Non fastiditus si tibi, lector, ero.

Des occupations de divers genres, qui, dès mon jeune âge, ont
appelé mon attention particulière, et surtout une santé ébranlée
dans ces derniers temps, m'ont empêché de me consacrer à ce
travail avec toute l'ardeur que réclamait son caractère spécial.

Les personnes compétentes dans cette branche difficile de la
littérature ne seront point étonnées de rencontrer par-ci par-là
une opinion hasardée, des méprises, des négligences ou des défauts
de style, auxquels les lumières du lecteur suppléeront sans grand
effort. On me pardonnera aussi d'autres fautes encore plus graves,
résultant de la distraction et inhérentes à la misérable nature
humaine, comme par exemple d'avoir appelé *relieurs* Grolier et
Maioli, à la page 398 du tome V, par un véritable *lapsus calami*.

La publication de ce catalogue ayant été entreprise sans aucune
idée de spéculation et encore moins avec le souci de paraître
érudit, car rien n'est si contraire à mes idées et à mon caractère
que de faire parade de savoir, il n'en a été tiré que *cinq cents*
exemplaires, destinés exclusivement à mes amis et à d'autres personnes vouées à l'étude de l'antiquité classique. J'espère que,
malgré les circonstances peu favorables au milieu desquelles se
fit la coordination et la rédaction de ce catalogue, il offrira aux
lecteurs intelligents un large terrain d'investigations; on y trou-
vera des notices très-curieuses sur un grand nombre d'ouvrages
de mérite, des détails intéressants et circonstanciés, reflet véritable du savoir et du caractère d'écrivains éminents, et un très-
vaste arsenal de matériaux nécessaires pour suivre le développe-
ment de la littérature latine dans ses diverses phases. Ce qui m'a le
plus encouragé à prendre la plume, c'est la pauvreté de travaux
de ce genre chez nous. Même chez des nations qui ont cultivé ces
études avec une préférence marquée, les catalogues biographiques
manquent, tandis que les biographies abondent, et c'est sans
doute à cette circonstance, bien plus qu'à son mérite particulier,

que mon catalogue doit les félicitations réitérées dont il a eu le bonheur d'être salué et accueilli par les plus éminents humanistes de Paris, de Berlin, de Saint-Pétersbourg et des autres capitales de l'étranger.

Peut-être encourrai-je la critique d'avoir été trop minutieux dans certaines biographies intercalées dans les huit volumes dont se compose cet ouvrage. Il ne faut pas perdre de vue que, pour bien apprécier les travaux d'un auteur, il est indispensable de s'identifier en quelque sorte avec lui, et rien n'y contribue aussi sûrement que certains traits caractéristiques qu'on surprend dans les diverses circonstances de la vie privée de l'écrivain; ils nous font connaître bien des fois l'idée qui germait dans son esprit et conduisait sa plume. Enfin, à ceux qui me feraient le reproche d'être prolixe dans les spécimens donnés par moi de certains auteurs, et plus particulièrement des poëtes, peu connus et encore moins étudiés, je répéterai ce que disait le savant doyen d'Alicante, Manuel Marti, en parlant des œuvres de l'antiquité savante :

« E veterum nimirùm scriptis nec voculam prætereundam sine piaculo. Quemadmodum enim in quolibet speculi fragmento rei objectæ integra nobis species repræsentatur, haud aliter in quantulacumque antiqui scriptoris superstite particula, priscæ illius simplicitatis, candoris, puritatis, leporis, elegantiæ imaginem perspicies. »

Le marquis DE MORANTE.

Madrid, le 31 janvier 1862.

Le Catalogue du marquis de Morante est classé par ordre alphabétique des titres ou des noms d'auteurs, mais malheureusement sans principe rigoureux. Les ouvrages anonymes sont placés tantôt au nom de leur auteur, tantôt d'après les premiers mots du titre, bien que l'auteur soit connu, tantôt sous un mot générique souvent arbitraire, ce qui rend les recherches assez difficiles. Le corps principal du Catalogue finit au tome VI, et il est suivi d'un grand supplément et d'un autre peu étendu, à la fin du tome VIII. Le troisième supplément

(t. IX), publié après la mort du marquis, n'est qu'une simple nomenclature des titres.

L'importance des notices biographiques et littéraires dispersées dans ce Catalogue nous engage à en donner une liste alphabétique, avec des renvois aux numéros respectifs (1); nous espérons que les bibliophiles et les bibliographes nous en seront reconnaissants.

I. NOTICES BIOGRAPHIQUES.

Amalthei (fratres), n° 9551, 1 1/2 page.
Audebert (Germ.), 10905, 3 p.
Avitus et Victor, 10943, 6 p.
Barlæus (Gasp.), 11000, 6 p.
Barth (Gasp.), 11013, 4 p.
Baudier (Dom.), 11043, 8 p.
Bigot (Guill.), 11180, 1 p.
Buno (J.), 4943, 1 1/2 p.
Cabilliau (B.), 11420, 1 p.
Cæsarius (J.), Consentinus, 924, 6 p.
Calenzi (Elis.), 11420, 1 p.
Canter (G.), 11482, 6 p.
Cardani (Jér.). 11509, 9 p.
Carrion ou Le Caron (Louis), 2812, 3 p.
Casa (J. della), 11548, 5 p.
Casaubon (J.), 8835, 4 p.
Cellarius (Chr.), 11697, 4 p.
Celtis Protucius (Conr.), 11737, 3 p.
Champier (Symph.), 11753 à 6, 5 p.
Cochlæus (J.), 11885, 1 1/2 p.
Colines (Sim. de), 12160, 1 p.
Comes (Et.), 11934, 1 p.
Cordier (Mathur.), 11974, 2 p.
Cordier (Ch.-Sim.), 11976, 2 p.
Darci (J.), 12160, 1 p.
Dolet (Et.) 12372, 25 p.
Dorat (Jean), 10922, 2 p.
Dornau (Gasp.), 12395, 12 p.
Drakenborch (Arn.), 4300, 1 1/2 p.
Eobanus Hessus (Helias), 13375, 9 p.
Erythræus, *voy.* Rossi.
Faleti (Jér.), 12673, 1 p.
Frank (Séb.), 12799, 1 p.
Frusius ou des Freux (And.), 12838, 1 1/2 p.
Gaigny (J. de), 12855, 1 p.
Gennaro (J.-A. de), 13668, 7 p.
Giovio (P.), 13683, 7 p.

Girard (J.), 12944 et 45, 4 p.
Gomez (Alvaro), 2902, 2903, 5 p.
Gomez de Castro (Alvaro), 2904, 1 p.
Goorle (Abr. de) ou Gorlæus, 2943, 2 p.
Grangier (J.), 12999, 1 p.
Gruter (Jean) ou Gruytere, 3030, 4 p.
Gude ou Gudius (M.), 3040, 1 1/2 p.
Guinigi (Vin.), 13098, 2 p.
Gyraldi (Lilio-Greg.), 3092, 3099 et 13115, 3 p.
Heermann (J.), 13198, 1 p.
Heidegger (J.-H.), 3147, 1/2 p.
Heinsius (Dan.), 3157, 3160, 3166, 2 1/2 p.
Heinsius (Nic.), 3169, 2 p.
Junius ou Jonghe (Adr.), 3889, 3896, 2 p.
Junius (Fr.), 3898, 4 p.
Keuchen (Rob.), 13777, 3 p.
Lebrun (Laur.), 13980, 1 p.
Le Caron, *voy.* Carrion.
Le Fevre (Jehan), 10729, 1 p.
Lemnius (Sim.), 13997, 1 p.
Lemnius (Lev.), 13998, 1 1/2 p.
Locher (J.), 14112, 1 1/2 p.
Longueil (Christ. de), 4339, 5 p.
Lotich (P.), 14144, 16 p.
Luscinius ou Nachtgall (O), 14236, 1 p.
Mantuanus (Bapt.), pseud. de Spagnuoli, 4627, 2 p.
Meursius (Jean), 5027, 2 1/2 p.
Meyer (Ant.), 4896, 1 p.
Micyllus (Jac.), 5067, 4 p.
Montanus (Jacques), 5316, 1 p.
Morata (Olympia-Fulvia), 5348, 50 p.
Morhof (D.-G.), 5374, 2 p.
Muret (M.-Ant.), 5465, 9 p.
Musius ou Muys (Corn.), 5497, 1 p.

(1) Pour faciliter les recherches, nous donnons les numéros qui commencent chacun des huit volumes. T. I, n° 1; t. II, n° 2419; t. III, n° 4511; t. IV, n° 5972; t. V, n° 7606; t. VI, n° 9645; t. VII, n° 11414; t. VIII, n° 13643.

Mynsinger (Joach.), 5505, 2 p.
Naogeorgus (Ch.), pseud. de Kirchmaier, 5518, 2 p.
Navagerius (And.), 5544, 7 p.
Niceron (le père), 5588, 1 1/2 p.
Niger (Fr.), 5608, 1 p.
Nizzoli (Mario), 5622, 6 p.
Ochinus (Bern.), 5760, 8 p.
Paleario (Aonio), 5998, 17 p.
Palingenius (Marc.), pseud. de Pierre-Ange Manzoli, 6006, 15 1/2 p.
Pareus (Phil.), 6102, 4 1/2 p.
Pareus (Dan.), père du pr., 6113, 6 1/2 p.
Perpinianus (P.-J.), 6332, 8 p.
Pithopœus ou Tonnelier (Lamb.-Lud.), 6541, 2 p.
Poggio Bracciolini, 6728, 24 p.
Pontanus (J.-J.), 6809, 10 p.
Pontanus (P.), Cæcus Brugensis, 6830, 1 p.
Posthius (J.), 6867, 3 p.
Quintianus ou Conti (J.-F.), 15116, 2 p.
Reusner (N.), 7336, 1 1/2 p.
Rorari (Jér.), 7497, 4 p.
Rossi (J.-V.), pseud. Erythræus (J.-N.), 13658, 6 p.

Rouxel (J.), 7595, 1 p.
Sabellicus (M.-Ant.), 7617, 8 p.
Sadoleti (J.), 7635, 13 1/2 p.
Sannazar (J.), 7932, 35 p.
Sarisberi ou Salisbury (J.), 7695, 8 1/2 p.
Scaliger (J.-C.), 8052, 6 p.
Scioppius ou Schopp (G.), 8257, 5 p.
Secundus (J.), 15392, 30 p.
Sinapius (J.), 8621, 1 p.
Strada (Fam.), 8853, 4 1/2 p.
Tardif (Guill.), 9110, 2 p.
Tifernes (Gr. de), 9422, 1/2 p.
Toscano (M.), 9486, 1 1/2 p.
Turnèbe (Adr.), 9570, 4 p.
Valla (Laur.), 9650, 30 p.
Valerianus (J.-P.), pseud. de Bolzani (Valer.), 9715, 14 p.
Vavasseur (Fr.), 9862, 3 p.
Verino (M.), 9927, 6 p.
Victor, voy. Avitus.
Vincart (J.), 10079, 1 p.
Vossius (G.-J.), 10327, 22 p.
Vossius (Isaac), 10350, 18 p.
Zamagna (B.), 10597, 4 p.
Zanchi (B.), 10604, 1 p.

II. NOTICES LITTÉRAIRES.

Actiones duæ secretarii pontifici (attribué à P.-P. Vergerio), n° 27, 1 page.
Agrippæ ab Nettesheym (H.-C.) Opera, 10695, 1 p.
Aletophilus. Artes jesuiticæ, 127, 1/2 p.
Arnaud (And.). Joci, 10871, 4 p.
Avienius (Ruf.-Fest.), 10938, 2 p.
Baerius (Nic.). Ornitophonia, 10965, 1 1/2 p.
Beroaldi (Phil.) Opuscula, 11130-31, 3 p.
Brouault (J.). Traité de l'eau-de-vie, 11337, 1 p.
Bucolicæ Querelæ, 11366, 1 p.
Caceres. In Hæresiarchas, 11425, 1 p.
Corzo y Barrera (Ant.). Poesias, 15002, 13 p.
Cura clericalis. — Instructio ecclesiasticorum, 12084, 4 1/2 p.
Dares Phrygius. De Bello Troiano, 12161, 2 p.
Dialogo de Mercurio y Caron, 12232, 1 p.
Dialogue et un merveilleux parlement, 1973, 1/2 p.
Dialogus Salomonis et Marcolfi, 1976, 1/2 p.
Drudo (Hil.). Equitis Franci et adolescentulæ mulieris Italæ practica artis amandi, etc., 2129, 1/2 p.
Du Coq-à-l'asne, etc., 2139, 1 p.
Edictum imperiale contra regem Gallum, 12472, 2 p.

Emblemata amatoria, 12505, 1 p.
Epistolæ illust. vir. quas rogatus Politianus, 12547, 1 p.
Epistolæ obscurorum virorum, 2269, 1 p.
Eruditorium penitentiale, 2328, 1 p.
Faciuta (F.). Pastoralia, 12667, 1/2 p.
Folengo. Chaos del tri per uno, 2623, 1/2 p.
Gasparini Pergamensis Epistolæ, 2786, 1 p.
Gazée. Les Pieuses Récréations, 2799, 3 p.
Gomez (Alvaro). Musa paulina, 2902, 2 p.
— Septem elegiæ, 2903, 2 p.
Gomez de Cibda Real (F.). Centon epistolario, 1371, 1 1/2 p.
Gruter (J.). Lampas, 3030, 4 p.
Gudius (M.). Epistolæ, 3040, 1 1/2 p.
Gyraldi (L.-G.). Dialogi de poetis, 3099, 1 p.
Hotomanus (Fr.). Francogallia, 3639, 1/2 p.
Hutten (Ulr. de). Ars versificatoria, 13600, 1 p.
Journal des savants, 3867, 1 1/2 p.
Justine, 3908, 1 p.
Lairtullier. Les Femmes célèbres, 4069, 1 p.
Lauremberg (J.). Ocium Soranum, 5775, 1 p.
Liberati. Discours sur la comète, 12281, 1 p.

Luzac. *Specimen*, etc., 14245, 1 p.
Martialis *Epigrammata*, édition de Venise, 1552, in-fol. rarissime. 4743, 1 p.
Meisner (D.), *Thesaurus philo-politicus*, 4894, 1 p.
Melander. *Jocorum atque seriorum libri*, 4913, 1 1/2 p.
Meursius (G.). *Opera*, 14444, 3 p.
Monte (J. de). *Exultatio pro fœtu Claudiæ reginæ*, 5320, 1 1/2 p.
Munsterus Hypobolymæus, 5455, 1 p.
Nostradamus. *Centuries*, 5677, 1 p.
Novella della figliuola, 5704, 1/2 p.
Oliver Hurtado. *Munda Pompeiana*, 16088 *bis*, 3 p.
Palumbi (Al.) *Comœdiæ*, 14762, 3 p.
Penon (F.). *Hymnus angelicus*, 6252, 1/2 p.
Philalethes (par Mafeo Vegius), 6454, 3 p.
Pollicarius. *De recta vocum compositione*, 6763, 1 p.
Progne-Tragœdia (par Gr. Corrario), 6946, 1 p.
Rosetus (Fr.). *Mauris*, 7507, 1 p.

Rudimenta grammatices, 7551, 1 1/2 p.
Sarpi. *Opere*, 7986, 2 p.
Scaligeriana, 8095, 2 p.
Sermo ad populum, 8507, 1 p.
Servet. *De Trinitate*, 8519, 1 p.
Siberus. *Fonteia*, 8562, 1/2 p.
Terentius. 9155, 3 p.
Tilladet. *Dissertations*, 9414, 1 p.
Tortellettus (B.). *Carmina*, 9485, 1/2 p.
Traité des trois imposteurs, 9524, 1 1/2 p.
Trialogue nouveau, etc., 9536, 2 1/2 p.
Tristibus Franciæ (de), 9547, 1 p.
Vasquez Queipo (V.). *Essai sur les syst. métr. et monét.*, 15553, 2 p.
Vegius ou Philelphus. *De liberorum Educatione*, 9888 et 9889, 2 p.
Vehus (H.). *Boemicus triumphus*, 9891, 1 1/2 p.
Virgilii *Bucolica*, etc., 10171, 1 p.
Virgilii *Carmen bucolicum*, 10200, 1 p.
Virginitate (de) *Beatæ Mariæ figuralia scripta*, 10247, 2 p.
Waudræus (Jul.). *Liber monosticorum*, 10410, 2 p.

Nous passons sous silence les petites notes qui fourmillent dans ce Catalogue, et où l'on trouverait plus d'un renseignement nouveau et intéressant. L'ensemble des notices dont nous donnons la liste présente une valeur de 750 pages d'impression en petit caractère, à 42 lignes par page. Dans les notices littéraires, nous voyons des analyses d'un certain nombre de livres rarissimes et pour ainsi dire inconnus. Mais la première place appartient aux articles de biographie, parmi lesquels il y en a qu'on chercherait vainement dans les grands ouvrages spéciaux. Ce ne sont pas des compilations, mais des travaux originaux, faits par un homme profondément versé dans la matière qui y est traitée, et amoureux de son sujet.

Le marquis de Morante a joint aussi à son Catalogue plusieurs grands mémoires de biographie et de critique, fort importants pour l'histoire littéraire. En voici la liste : A la fin du tome II, *Juste Lipse;* traduit de Ch. Nisard (104 pages); t. III, *Manuel Marti*, doyen d'Alicante; traduit du latin de Gr. Mayans (106 pp.); t. IV, *Jos.-Juste Scaliger*, traduit de Ch. Nisard (78 pp.); *Jean Passerat;* traduit du français (52 pp.); t. V, le célèbre *Fr. Sanchez de las Brozas*, avec plusieurs de ses poésies inédites (205 pp.); — *Ange Politien;* traduit du latin de N.-A Bonafous (277 pp.); t. VI, *Marc-Jérôme Vida,* par D. Gaspar Bono Serrano, ami du marquis de Morante (217 pp.); à la suite de cette biographie, on trouve la réimpression de *Poeticorum libri tres,* de Vida, poëme dédié au Dauphin François II, avec une préface latine de Paul Tartesius, ainsi qu'une traduction de cette poétique latine en vers espagnols; t. VII, *Léon de Castro,* par D. Vinc. de la Fuente, professeur de droit à l'Université de Madrid (84 pp.); t. VII, *Juan Sobrarias,* poëte du seizième siècle, par le marquis de Morante (81 pp.); cette biographie est suivie de deux poëmes inédits de Sobrarias : *Carmen in natali sereniss. Hispaniar. princ. Philippi Austriaci, Caroli V. Imperatoris filii,* et *In Ticinensem victoriam;* — à la suite, biographie d'*Isaac Casaubon* (110 pp.).

Les biographies traduites sont enrichies par le marquis de développements importants.

Toutes ces notices ont été tirées à part à un petit nombre d'exemplaires.

En tête de trois volumes, on trouve de petites études, pleines de verve et d'esprit, sur le Catalogue du marquis de Morante. Ces articles, sous forme de lettres, sont dus à des littérateurs espagnols fort distingués , tels que : Fr. Gutanda (t. Ier), Al. Mandiburu (t. II), Rom. Goicoerrotea (t. VIII).